Rezension über die Monographie "Reisen ohne Wiederkehr: die Deportation von Protestanten aus Kärnten 1734 - 1736"

Qing Liu

Bibliografische Information der Deutschen Nationalbibliothek:

Die Deutsche Nationalbibliothek verzeichnet diese Publikation in der Deutschen Nationalbibliografie; detaillierte bibliografische Daten sind im Internet über http://dnb.d-nb.de abrufbar.

ISBN: 9783346671523
Dieses Buch ist auch als E-Book erhältlich.

© GRIN Publishing GmbH
Nymphenburger Straße 86
80636 München

Druck und Bindung: Books on Demand GmbH, Norderstedt Germany
Gedruckt auf säurefreiem Papier aus verantwortungsvollen Quellen

Das Buch bei GRIN: https://www.grin.com/document/1244931

Universität Bielefeld

Fakultät für Geschichtswissenschaft, Philosophie und Theologie

Abteilung Geschichtswissenschaft

Grundkurs „Auf ins Paradies? Migration in der Vormoderne und Moderne (Teil 1)"

Sommersemester 2015/2016

Rezension über die Monographie „Reisen ohne Wiederkehr: die Deportation von Protestanten aus Kärnten 1734 - 1736"

Vorgelegt von:

Qing Liu (2. Semester)

Inhaltverzeichnis:

1. Einleitung

„Reisen ohne Wiederkehr, die Deportation von Protestanten aus Kärnten 1734-1736" von dem Historiker Stephan Steiner wurde im Jahr 2007 veröffentlicht. Wie der Name des Buches verrät, beschäftigt sich diese Monographie mit den Transmigrationen in Kärnten im Süden Österreich, die insbesondere in der Herrschaft Paternion von 1734 bis 1936 passierte.

Diese Arbeit kann die Transmigrationen in Paternion durch zahlreiche Details enthüllen und die bisherige Unkenntnis des Paternioner Archivs kompensieren, so dass die Ereignisse und ihre Dynamik rekonstruiert werden können. Gleichzeitig zeigt es eine Vorgehensweise, wie das Verhältnis zwischen den Details und den Rahmen in der Geschichtswissenschaft behandelt werden könnte. Die große Bemühung des Autors spürt man beim Lesen, daraus könnte eine Neugier nach weitere Forschungen entstehen.

2. Vorstellung des Forschungsstandes und des Buches

2.1 Vorstellung des Forschungsstandes

Bevor die Monographie veröffentlicht wurde, gab es im Forschungsfeld schon einige bedeutsame Werke über die Transmigrationen der Protestanten innerhalb des Habsburger Gebiets. Beispielsweise bot ein Kapitel des Buches „Dorfleben im achtzehnten Jahrhundert" von Hans von Zwiedineck-Südenhorst im Jahr 1877 eine Darstellung über „Emigranten und Transmigrationen", das die Akten des Kärntner Landesarchivs innehat.[1] Die Arbeit von Dedic im Jahr 1940 und das als Meilenstein im Forschungsfeld zu bezeichnende Buch „Die ‚Landler' in Siebenbürgen" von Erich Buchinger 1980 leistete ebenfalls einen bedeutenden Beitrag zum Thema Transmigration und Protestantismus.[2]

Allerdings bestand in den vorigen Forschungen die große Mangel, nämlich die

---

[1] *Stephan Steiner*, Reisen ohne Wiederkehr. die Deportation von Protestanten aus Kärnten 1734 – 1736, Wien 2007. S. 14.
[2] Steiner 2007: S. 16f.

Unkenntnis über das Paternioner Archiv.[3] Ebenso fehlten seit den siebziger Jahren des letzten Jahrhunderts wesentliche Werke über dieses Thema.[4] Nach Ansicht Steiners spielen die Details vor Ort eine zentrale Rolle, um das Gesamtbild bzw. die Eigendynamik der Ereignisse wahrzunehmen und weitere Forschungen und Schlüsse ziehen zu können. Bezüglich der Geschichte der Transmigrationen in Kärnten ist seines Erachtens nach das Paternioner Archiv wesentlich, so dass man ebenfalls „die Transmigrationen als Beispiel" anerkennen könnte.[5] Damit meint der Autor, dass diese Deportation mit Zwang und „unter massivem Einsatz des Militärs" „[...] an der Geburtsstunde aller neuzeitlichen Deportationen in Mitteleuropa steht, ja vielleicht [...] sogar deren Geburtsstunde ist."[6] Aufschlussreich ist es demzufolge, wenn man diese Ereignisse mit dem Geschehen der heutigen Welt vergleicht, die zeitweilig durch Nationalstaat, Deportation und Massenvernichtung gekennzeichnet ist.

2.2 Vorstellung des Buches

In Anbetracht des Willen zur Rekonstruktion der Ereignisse ist das Archiv der Herrschaft Paternion die zentrale zur Verfügung stehende Quelle, die aus der Herrschaft Paternion und der Herrschaft Paternion-Kellerberg besteht und zur Zeit im Kärntner Landesarchiv in der Landeshauptstadt Klagenfurt aufbewahrt wird.[7] Zahlreiche Materialien wie die Dokumente der Pflegerdynastie Ainether, die Verhöre von verdächtigten Protestanten, verschiedene Akten bezüglich der Deportationen, Korrespondenzen und die biographische Unterlagen Einzelner bilden den Hauptteil der Forschung in diesem Werk. Über die Situation in Siebenbürgen als Reiseziel der Transmigrationen, über die Rekonstruktion der Familien bzw. des einzelnen Lebens und eben über den Einsatz von Militär und die Rolle von „Corpus Evangelicorum" stehen unterschiedliche Archiven außerhalb Kärntens zur Verfügung. Beim Umgang mit diesen Quellen will Stephan Steiner alle Einschränkungen, die

---

[3]Steiner 2007: S. 20.
[4]Ebd.: S. 13.
[5]Ebd.: S. 21.
[6]Ebd.
[7]Ebd.: S. 24.

Autoren vor ihm durch die Unkenntnis über das Paternioner Archiv nicht überwunden haben, abbauen, so dass die dynamische Darstellung und mögliche neue Erkenntnisse durch Rekonstruktion der Ereignisse nicht gehindert werden.[8] Dieses Buch besteht aus insgesamt elf Kapiteln. Dann folgt der Anhang, der ein Glaubensbekenntnis und die Liste, die über die Namen der Deportierten berichtet, beinhaltet. Regelmäßige Darstellung der unterschiedlichen Verzeichnisse und Register lassen sich am Ende des Buches finden.

In dem Einleitungskapitel gibt der Autor die allgemeine Darstellung in Bezug auf die Forschung wieder. Der bisherige Forschungsstand über die Transmigration, die Fragestellung und das Forschungsziel, die Forschungsmethodik, die benutzten Quellen bzw. ihre Auswahl und der Umgang damit bilden demnach dieses erste Kapitel. Gleichfalls ist ihm die Anwendung der Begriffe von Bedeutung, wie der Gegensatz von „Obrigkeit" und „Untertan", die Beschreibung der Protestanten als „Ketzer" und „Häresie" mancherorts, der Pluralnutzung von „Transmigrationen" unter Karl VI. und die Nutzung von „Untergrund-Protestantismus" statt „Geheimprotestantismus". Alle dienen dem Wunsch nach einer möglichst genauen und lebendigen Darstellung sowie wissenschaftlicher Geschichtsforschung.

In dem zweiten Kapitel wird der Herrschaftsumstand geschildert, womit nicht nur eine Vorstellung über die Situation der Obrigkeit vor und während der Transmigration gegeben, sondern ebenfalls über die demographische und biographische Situation der Untertanen informiert wird. Hier sieht man eine Tabelle und ein Diagramm, die von der Bedingung des Fremdbesitzes in der Herrschaft Paternion handeln. Gleichfalls werden die Häuser- und Einwohnerzahl bzw. ihre Verteilung innerhalb der Herrschaft Paternions übermittelt. Im folgenden Kapitel werden zuerst die rechtliche Stellung der Bauern und die unterschiedliche Art und Größe vom Besitz dargestellt. Dann folgt die Vorstellung von wichtigen Personen aus der Obrigkeit und ihren Stellungen, wie dem Pflegamt, der katholischen Kirche sowie den Religionskommissären, die später in dem Geschehen der Transmigration eine unabdingbare Rolle spielen.

---

[8] Steiner 2007: S. 22.

Im vierten Kapitel wird ein Blick auf die religiöse Vorgeschichte von Paternion geworfen. Es wird deutlich, wie eine tief verwurzelte katholische Herrschaft die Existenz von Protestantismus verweigert. Protestantische Adelige wurden gedemütigt und vertrieben, der Sieg der Gegenreformation wurde gefeiert. Ebenfalls gab es Organisationen und Praktiken sowohl auf Seiten der Obrigkeit als auch der Untertanen, welche einem katholischen Glauben zugehörig waren und damit das „richtige" religiöse Leben praktifizierten. Der Konflikt zwischen der geistlichen und weltlichen Welt, nämlich zwischen dem Klerus und dem Pfleger der Herrschaft, wird am Ende betrachtet.

Im fünften Kapitel wird vor allem über die Emigration in Salzburg von 1731/1732 gesprochen, welche einen bedeutenden Einfluss auf die Entwicklung der Spannung in Kärnten und ebenfalls auf die Mentalitätsänderung hatte. Die Voraussetzungen dieses Jahrhundertereignisses und den Prozess dieses Geschehens kann man gut mit den Transmigrationen in Paternion vergleichen, da der Informationsfluss über den Zustand der Entwicklung in Salzburg die Obrigkeit und die Untertanen in der Herrschaft Paternion erreichte und gleichzeitig seine Spuren vor Ort hinterließ. Dementsprechend brutalisierte sich die Obrigkeit einerseits, was durch den großen Einsatz von Militär und die Trennung der Kinder von ihren Eltern erkennbar ist. Andererseits entstand zwischen den Protestanten eine gewisse Solidarität, die sich durch die Forderung auf Recht und den Mut vor der bevorstehenden Transmigration zeigen lässt. Solche Unruhen wollte die Obrigkeit in Paternion auf jeden Fall verhindern, indem sie den Kontakt sowohl innerhalb der Obrigkeit von Paternion als auch mit der Obrigkeit in Salzburg aufzunehmen versuchte. Gleichzeitig versuchte die Herrschaft in Paternion durch Verhöre bestimmter Verdächtiger die Lage unter Kontrolle zu bringen.

In dem nächsten Kapitel nimmt der Autor das Schicksal von Hans Berger am Anfang des achtzehnten Jahrhunderts als Beispiel der Unterdrückung protestantischer Tätigkeiten. Der Pfleger Ainether versuchte, die Verbreitung des Protestantismus zu unterbinden und jene protestantischen Wortführer festzunehmen. Wegen seiner hartnäckig protestantischen Tätigkeit wurde Hans Berger von der Obrigkeit verfolgt.

Manche von seinen Familienmitgliedern waren ebenfalls nicht katholisch. Durch seine Verhörsprotokolle zeigte er seinen festen Glauben deutlich, was später zu seiner Ausweisung aus Kärnten führte. Nachdem er sich wieder in Kärnten befand und seine Verschleierung des scheinbaren katholischen Glaubensbekenntnisses entdeckt wurde, wurde er das zweite Mal deportiert.

Im siebten Kapitel verwendete Stephan Steiner beinahe hundert Seiten, um die kurzen Zeiten vor den Karolinischen Transmigrationen zu beschreiben. Hier spielen die Auseinandersetzung zwischen dem protestantischen Christoph Lagler und dem katholischen Pfarrer Kepitz und die zwischen dieser Zeit vorkommenden Verhöre Laglers eine Rolle. „Der örtliche Pfarrer, nicht *die* katholische Kirche, bringt Lagler so weit, alle Verstellungen fallen zu lassen und sogar familiäre Rücksichten hintanzustellen."[9] Dieses Ereignis zeigt nicht nur die protestantische Gesinnung Laglers, sondern auch sein Bewusstsein von Rechtsanspruch gegenüber der Obrigkeit. Der Aussage, Christoph Lager als „Auslöser jener heftigen Auseinandersetzungen zwischen Herrschaft und Untertanen, die schließlich in die Transmigration münden"[10] zu bezeichnen, muss man Recht geben. Danach wurde geistliches Personal als Missionare ausgesendet und illegale Bücher wurden konfisziert. Größere Zusammenkünfte von Protestanten wurden ebenfalls dokumentiert. Gleichzeitig bekannten sich mehr Bauern als Protestanten, die letztendlich deportiert wurden. Nach den Einvernahmen von zehn Personen, die sich zum Luthertum bekannten, wollte der Pfleger die „Rädelsführer" entlarven, damit er die Entwicklung des Protestantismus in Kärnten kontrollieren konnte. Das Verhör diente als eine wichtige Methode, um die wahre Gesinnung der Verdächtigen herauszufinden. In diesem Kapitel wurden Protokolle der Verhöre von fünf festgelegten „Rädelsführern" herangezogen, damit kann der Autor sowohl ihre Persönlichkeit als auch die Situation des Untergrund-Protestantismus relativ gut rekonstruieren. Nach einer kurzen Ruhephase wurde eine Bitteschrift über die Forderung nach Glaubensfreiheit zu dem Religionskommissär gesandt, was 1734 aber letztlich zur Deportation von Christoph Lagler sowie seinen

---

[9] Steiner 2007: S. 137.
[10] Ebd.: S. 131.

zwei Brüdern führte. Durch weitere Auseinandersetzungen zwischen der Obrigkeit und den Protestanten schien eine Entspannung der Situation unmöglich. Selbstbewusst standen die Untertanen mit Aufständen und Weigerungen gegenüber dem Befehl der Obrigkeit. Die Herrschaft setzte ihre Untertanen dementsprechend unter Zensur bzw. Spionage. Zu diesem Zeitpunkt war die Deportation eine festgelegte Maßnahme, welche die Herrschaft aufgrund der aufsteigenden Unruhe traf.

Kapitel acht konzentriert sich auf die Durchführung der Zwangsrekrutierungen und die der Transmigrationen von Protestanten von Ende September 1734 bis 1736. Sie wurden unter der Überwachung der Militärs aus der Herrschaft Paternion nach Siebenbürgen deportiert. Am Anfang wurden nur Männer deportiert und ihre Ehefrauen blieben mit der Hoffnung zu Hause, dass ihre Männer in der nahen Zukunft zurückkommen würden. Nachdem sie die Unmöglichkeit einer Rückkehr ihrer Männer bemerkten, forderten sie ihre eigene Nachschickung nach Siebenbürgen. Aufgrund der dadurch entstehenden Unruhe wurden die Eheleute ab dem dritten Transport nicht mehr getrennt deportiert. Ab der zweiten Transmigration wurde die Regel festgelegt, dass Kinder vor der Volljährigkeit zurückbleiben mussten. Die Kosten für die zurückgebliebenen Kinder und für den Deportierten während der Reise nach Siebenbürgen mussten die Deportierten selbst bezahlen. Die Übernahme der durch den Transport und die Verhöre entstandenen Kosten wurden ständig durch den Pfleger an der höheren Obrigkeit eingefordert, allerding schien es ohne Erfolg zu sein. Zeitweise bemühten sich die Deportierten, ihre Hilfsrufe per Briefe an ihre Verwandten zu senden, allerdings wurden Teile dieser Briefe durch Zensur abgefangen. Die Kärntner versuchte ebenso, Beschwerde über die Transmigrationen an dem „Corpus Evangelicorum" einzureichen. Wegen der Fremdheit und des schwierigen Lebens in Siebenbürgen flüchteten viele Deportierten wieder zurück nach Kärnten, was demzufolge weitere Verhöre mit ihnen verursachten. Manche von diesen Verhörten wurden noch einmal zwangsrekrutiert oder wieder nach Siebenbürgen transportiert. Die trotz gewisser Intensivierung zum Scheitern gegangenen Missionsversuche der Katholiken und die unmenschlichen Maßnahmen der Behörde trafen während der

Durchführung der Transmigrationen ständig die Hartnäckigkeit und den Wiederstand der Protestanten auf. Letztendlich begann die vierte Deportation im Mai 1736.

Im neunten Kapitel wurde über weitere Flüchte aus Siebenbürgen und ebenfalls aus Kärnten, über die Situation der zurückgebliebenen Kinder, über weitere Arreste sowie weitere Zwangsrekrutierung bzw. Transmigration berichtet. Zwietracht unter den Geistlichen des Geldes wegen entstand mittlerweile. In Kapitel zehn geht es zuerst um die hohe Todesrate der Deportierten in Siebenbürgen und ihre Hauptgründe. Dann wurden die Gründe der gescheiterten Deportationen analysiert.

In dem letzten Kapitel kann man sich über die Lebensläufe der in Siebenbürgen ansiedelnden Transmigrierten informieren. Frauen blieben Zuhause ohne ihre Ehemänner, wodurch nicht nur rechtliche, sondern auch wirtschaftliche zahlreiche Schwierigkeiten entstanden. Neue geborene Kinder wurden vor der Deportation in der Vergangenheit gewarnt und manche flohen aus religiösen Gründen aus der Herrschaft Paternion. Die Deportierten versuchten aufgrund der noch in Kärnten bleibenden Familien und der Probleme mit der Auszahlung des Vermögens wieder in die Heimat zurückzukehren. Der Erbe oder der Besitz des Vermögens der Deportierten rief immer wieder neue Beunruhigungen aus. Die Verbreitung einer Seuche erregte mancherorts Angst, auf der anderen Seite konnte protestantische Tätigkeiten heimlich in Wien geführt werden.

3. Bewertung der Forschung

Wie ich in den vorausgehenden Kapiteln erläuterte, geht es in diesem Werk vor allem um die Rekonstruktion der Karolinischen Transmigrationen in Kärnten sowie eine positivistische Analyse von Details anhand des Archivs in der Herrschaft Paternion. Trotz aller Bemühung zu einer möglichst umfassenden Darstellung von Details dieses Ereignisses bestehen meiner Meinung nach noch drei Mängel. Erstens, es wäre günstiger, wenn in der Darstellung das Zusammenleben der Protestanten und der

Katholiken in Kärnten einbezogen würde.[11] Hierbei handelt es sich nicht nur darum, dass der Untergrund-Protestantismus die Chance und Möglichkeit zum Überleben gehabt haben müsste, um mehr als ein Jahrhundert in der Herrschaft existieren zu können. Ohne große Toleranz und Akzeptanz zwischen den Protestanten und Katholiken wäre weitere Unruhe unter der Bevölkerung innerhalb des Habsburger Reiches entstanden und das Elend der Protestanten könnte heftiger auftreten. Darüber hinaus könnte die Unterdrückung durch die Obrigkeit wahrscheinlich nicht noch strenger werden, aber die Durchführung der Strafe könnte sich früher und breiter unter den Protestanten verbreiten. Durch die Untersuchung über das Zusammenleben könnte ebenfalls die Information erhalten werden, wie die geheimen Zusammenkünfte der Protestanten gehalten werden konnten und später von der Behörde entdeckt wurden. Nach der Schilderung des Autors wurden die Versammlungen unter den Protestanten von der Obrigkeit dokumentiert. Aber auf welche Art und Weise die Beamten sich darüber informierten, ist fragwürdig. Gewisse Denunziation von den Katholiken oder eben von jenem Protestanten ist selbstverständlich nicht ausgeschlossen. Und wie die Obrigkeit die Beziehung und das Zusammenleben zwischen der protestantischen und der katholischen Bevölkerung umging, spielt bei der Analyse über die Herrschaft ebenso eine nicht zu unterschätzende Rolle. Wenn die Bevölkerung in der Gesellschaft durchaus oder zum großen Teil in Frieden und Eintracht gelebt hätte, so dass insbesondere Denunziation und Streitigkeiten nur selten aufgekommen wären, wäre vor allem die Behörde für das durch die Transmigration entstehende Elend unter der Bevölkerung schuldig und wäre die Eifersucht der Amtsinhaber nach einer reinen katholischen Herrschaft deutlich denkbar.[12] Eine Betrachtung der Gemeinschaft von Protestanten und Katholiken könnte demzufolge hilfreich sein, wenn man die Mentalität und Menschlichkeit in der damaligen Zeit herausfinden möchte.

Zweitens, obwohl in dem Buch von Zeit zu Zeit ein Kontaktversuch der Protestanten mit dem „Corpus Evangelicorum" und den evangelischen Reichsständen in

---

[11] *Christine Tropper*, Geheimprotestantismus in Kärnten, in: Rudolf Leeb, Martin Scheutz, Dietmar Weikl (Hrsg.), Geheimprotestantismus und evangelische Kirchen in der Habsburgermonarchie und im Erzstift Salzburg, Wien [u.a.] 2009, S. 123-154, hier S. 152.
[12] Vgl. Tropper 2009: S. 140.

Regensburg thematisiert wird, gab es kaum Beschreibung über die Situation und die Reaktion des „Corpus Evangelicorum" und Regensburgs. Schon vor dem Aufkommen der Transmigrationen versuchte die Protestanten Korrespondenz mit dem „Corpus Evangelicorum" zu führen, wenn sie zum Beispiel per Briefe über die Unterdrückung aus der Obrigkeit und Kirche schrieben. Während der Deportation kamen noch weitere Beschwerden sowohl über die Brutalisierung und die zunehmende Unmenschlichkeit der Obrigkeit, als auch über das schwierige Leben in Siebenbürgen bzw. in Kärnten vor Ort zum Ausdruck. Allerdings lässt sich in diesem Buch kaum eine Meinung aus dem „Corpus Evangelicorum" und Regensburg entnehmen. Das „Corpus Evangelicorum" und die evangelischen Reichsstände scheinen nicht unwichtig sein, weil ihre Hilfe immer noch eine zentrale Hoffnung für die Protestanten in dem Habsburger Gebiet war. [13] Wenn die beiden sogar untätig vor dem Unglück der Unterdrückung blieben oder unfähig waren, die Situation der Protestanten zu verbessern, hätten die beiden auch noch ihre Spuren innerhalb oder außerhalb des Habsburger Territoriums hinterlassen haben sollen, mit welche man mindestens die Kenntnisse über ihre Zustände aufdecken kann. Deshalb wäre es sinnvoll, wenn man ihre Reaktionen über die Transmigrationen entdecken könnte, so dass man sich der Wirklichkeit des Zustandes der Protestanten nähren könnte.

Drittens, es scheint wahrscheinlich voreilig zu sein, wenn die Durchführung der Transmigration in der Herrschaft Paternion als Geburtsstunde der neuzeitlichen Deportationen in Mitteleuropa betrachtet wird. [14] Es wäre besser, wenn diese Festlegung des Autors zu einer Vermutung über einen möglichen Ursprung der Deportation in der Neuzeit oder als einen wichtigen Punkt während der Brutalisierung der Deportation neu formuliert wird. Zweifelsohne kann man die Transmigration in Paternion mit der im 20. Jahrhundert vergleichen, so dass man etwas Sinnvolles und Aufschlussreiches herausfinden könnte. Wie der Autor im Buch schon vorschlägt, kann man beim Vergleich den Einsatz von Militär, die Allmacht des Staates und sogar

[13] Vgl. Steiner 2007: S. 251.
[14] Steiner 2007: S. 21.

die Freiwilligkeit Einzelner in Betracht ziehen.[15] Gewinnbringend kann es für die heutzutage unterschiedliche Herrschaft in der Welt sein, wenn ein friedliches Zusammenleben der Menschheit anstrebenswert ist.

Trotz der obigen Bewertung kann dieses Werk meiner Meinung nach als wertvoll eingeschätzt werden. Obwohl es bemängelt werden kann, dass sich dieses Werk aus Detailverliebtheit nur auf die Mikrogeschichte konzentriert. Es gelingt dem Autor allerdings, mit allen Details den gesamten Prozess des Geschehens zu rekonstruieren und ein neues Gesamtbild mit eigener Dynamik zu ermöglichen. Manche früheren Festlegungen können sogar durch die Analyse von Details herausgefordert werden. Beispielsweise hatte Erich Buchinger eine viel zu hohe Sterblichkeit der Deportierten angegeben, oder er könnte einen Fehler mit der Genauigkeit bei der Formulierung seiner Festlegung gemacht haben.[16] Ebenfalls wird die Wechselrede zwischen der Obrigkeit und den Protestanten beim Verhör aufgedeckt, dass die Leserfähigkeit der Bauer in der damaligen Zeit nicht zu unterschätzen war. Das Wissen über diese Fähigkeit ist wesentlich, um die Entwicklung der Situation in einem großen Zeitraum zu analysieren. Unter den Umständen der Karolinischen Transmigrationen konnten die Bauer trotz ihrer protestantischen Gesinnung eine eigene Meinung und ein eigenes Verständnis gegenüber jenem geistlichen Buch formieren. Die Obrigkeit musste sich mehr oder weniger Mühe geben, um die logischen Widersprüche der „Rädelsführer" zu widerlegen.[17] Protestanten, die den Anspruch an die Glaubensfreiheit nahmen, spiegelten gleichzeitig die Mentalität von mindestens einem Teil der Bevölkerung in der damaligen Zeit wider. Interessant erscheint mir ebenfalls die Formulierung der Frage nach den Verdächtigen beim Verhör und die Schriftlichkeit des Protokollstils. Der Autor versuchte alle Quellen einzubeziehen, die sich mit der Situation und der Deportation in Kärnten auseinandersetzen. Mit großer Geduld zitierte er alle Quellen auch mit Bemerkungen, so dass es für weitere Forschungen einfacher wird. Die Quellen wurden nicht unter einer bestimmten

---

[15]Ebd.: S. 21, 23.
[16]Steiner 2007: S. 299.
[17]Ebd.: S. 171.

geschichtlichen Rahmenbedingung verortet, so dass eine dynamische Darstellung von dem Geschehen ermöglicht wird. Er stellte die Details nach der Entwicklungsphase dar, deswegen könnten die Details zum Beispiel bald von der Obrigkeit und bald von den Untertanen handeln. Das könnte ein Grund dafür sein, dass der Leser sich beim Lesen zwischen den Details verliert. Jedoch sollen die zahlreichen Details nicht als ein Hindernis der Rekonstruktion betrachtet werden, sondern sie setzen sich als eine Bindung zwischen den Forschungen in der Vergangenheit und den in der Zukunft bzw. zwischen den Forschungen von Details und großem geschichtlichen Geschehen. Mit der Grundlage des Buches sollten weitere Untersuchungen gemacht werden.

4. Fazit

Die gegensätzlichen Provokationen fuhren letztendlich zu dem Unglück der Menschheit.[18] Es ist glaubwürdig, dass der Autor sich mit großer Leidenschaft für die Forschung der Transmigrationen in Kärnten gewidmet hat. Darstellung originaler Briefe, die Familienrekonstruktion der Individuen und ebenfalls die Einbettung Einzelner in der Gemeinschaft stellen nicht nur eine Art von Geschichtsschreibung dar. Sondern man kann gleichzeitig das Mitgefühl des Autors spüren. Der Gegensatz zwischen dem Elend der einfachen Bevölkerung und der Unmenschlichkeit der Obrigkeit macht die Schilderung lebhaft, so dass man darin mehr als eine wissenschaftliche Arbeit lesen kann.

---

[18]Tropper 2009: S. 142.

Literaturen

1. *Christine Tropper*, Geheimprotestantismus in Kärnten, in: Rudolf Leeb, Martin Scheutz, Dietmar Weikl (Hrsg.), Geheimprotestantismus und evangelische Kirchen in der Habsburgermonarchie und im Erzstift Salzburg, Wien [u.a.] 2009, S. 123-154.

2. *Stephan Steiner*, Reisen ohne Wiederkehr. die Deportation von Protestanten aus Kärnten 1734 – 1736, Wien 2007.